Cartilha da Natureza

O Trabalho

CHICO XAVIER

Cartilha da Natureza

O Trabalho

OBRA PSICOGRAFADA POR FRANCISCO CÂNDIDO XAVIER

ELO ESPÍRITO
ASIMIRO CUNHA

feb

ISBN 978-85-7328-582-6

B.N.

1ª edição – *Do 1º ao 3º milheiro*

000.3-O; 01/2009

Capa e projeto gráfico: L. Bandeira

Composição e editoração:
Departamento Editorial e Gráfico – Rua Sousa Valente, 17
20941-040 – Rio de Janeiro (RJ) – Brasil
CNPJ nº 33.644.857/0002-84 I.E. nº 81.600.503

Pedidos de livros à FEB – Departamento Editorial Tel.: (21) 2187-8282, FAX: (21) 2187-8298.

CIP-BRASIL. CATALOGAÇÃO-NA-FONTE
SINDICATO NACIONAL DOS EDITORES DE LIVROS, RJ.

C977c
v.3

Cunha, Casimiro (Espírito)
Cartilha da natureza: o trabalho / pelo Espírito Casimiro Cunha; [psicografado por] Francisco Cândido Xavier. – Rio de Janeiro: Federação Espírita Brasileira, 2008
72p.: il.; 25cm (Cartilha da Natureza; v. 3)

ISBN 978-85-7328-582-6

1. Natureza – Interpretações espíritas. 2. Espiritismo. 3. Obras psicografadas. I. Xavier, Francisco Cândido, 1910-2002. II. Federação Espírita Brasileira. III. Título. IV. Série.

08-5213. CDD 133.93
CDU 133.7

25.11.08 01.12.08 009974

Sumário

Apresentação *7*
A Grande Fazenda *8*
A Fazenda *11*
O Dia *13*
A Faxina *15*
A Ferramenta *17*
A Construção *19*
A Enxada *21*
A Picareta *23*
A Cangalha *25*
A Derrubada *27*
O Barro e o Oleiro *29*
A Carpintaria *31*
A Usina *33*
O Regador *35*
O Tijolo *37*
O Esterco *39*
A Cova *41*
A Mina *43*
A Faca *45*
A Lavadura *47*

O Andaime *49*
O Cupim *51*
A Capina *53*
A Poda *55*
O Malhadouro *57*
A Boneca *59*
A Caçarola *61*
O Pão *63*
O Prato *65*
A Mesa *67*
A Candeia *69*
A Lâmpada *71*

Apresentação

A *Cartilha da Natureza* representa obra de grande sensibilidade e beleza.

Suas poesias refletem a singeleza e a grandiosidade dos presentes diários oferecidos pelo Criador a toda a Humanidade, manifestados sob a forma dos diferentes elementos que compõem a beleza natural do planeta.

Esta *Cartilha* ensina-nos, de modo aprofundado, a "ler" a Natureza circundante e a reconhecer a sua importância e a magnanimidade de Deus.

Esta nova edição da *Cartilha da Natureza* está dividida em três tomos, com três subtítulos, de forma a promover e a possibilitar uma compreensão mais abrangente da suavidade, profundidade e seriedade que os diferentes temas abordados, transformados em arte pela criatividade e sensibilidade poética do Espírito Casimiro Cunha, psicografados por Francisco Cândido Xavier, transmitem.

Em "A Criação", encontram-se as poesias que apresentam a Criação Divina e sua sabedoria ao outorgar ao *Sol*, à *plantação*, à *chuva*, ao *lago*, ao *vento* e à *flor* o ensino de importantes lições de vida.

Em "A Viagem", pode-se identificar a *bússola*, o *mapa*, o *faroleiro*, dentre outros utensílios necessários à importante viagem realizada por toda a Humanidade pelo caminho da reencarnação.

Em "O Trabalho", encontraremos a *ferramenta*, a *enxada*, o *tijolo*, a *usina* e demais elementos que constituem reais convites ao trabalho dignificante.

Esperamos, por meio desta obra, proporcionar ao caro leitor agradáveis momentos de contato com a Natureza e de aprendizado dos profundos ensinamentos cristãos, sabiamente inscritos e extraídos de suas diferentes manifestações.

Desejamos uma boa leitura.

A Editora

A Grande Fazenda

"E Ele repartiu por eles a fazenda."
JESUS (LUCAS, 15:12.)

A Natureza é a fazenda vasta que o Pai entregou a todas as criaturas. Cada pormenor do valioso patrimônio apresenta significação particular. A árvore, o caminho, a nuvem, o pó, o rio, revelam mensagens silenciosas e especiais.

É preciso, contudo, que o homem aprenda a recolher-se para escutar as grandes vozes que lhe falam ao coração.

A Natureza é sempre o celeiro abençoado de lições maternais. Em seus círculos de serviço, coisa alguma permanece sem propósito, sem finalidade justa.

Eis a razão pela qual o trabalho de Casimiro Cunha se evidencia com singular importância. O coração vibrátil e a sensibilidade apurada conchegaram-se a Jesus, para trazer aos ouvidos dos companheiros encarnados algumas notas da universal sinfonia.

Esta cartilha amorosa relaciona, em rimas singelas, alguns cânticos da fazenda divina que o Pai nos confiou. Envolvendo expressões na luz infinita do Mestre, Casimiro dá notícias das coisas simples, cheias de ensino transcendental. No relatório musicado de sua alma sensível, o milharal, o pântano, a árvore, o ribeiro, o malhadouro dizem alguma coisa de sua maravilhosa destinação, revelando sugestões de beleza sublime. É o ensino espontâneo dos elementos, o alvitre das paisagens que o hábito vulgarizou, mas se conservam repletas de lições sempre novas.

O trabalho valioso do poeta cristão dispensa comentários e considerações.

Entregando-o, pois, ao leitor amigo, não temos outro objetivo senão lembrar a fazenda preciosa que se encontra em nossas mãos.

A Natureza é o livro de páginas vivas e eternas.

Em abrindo a cartilha afetuosa de Casimiro, recordemos aquele que veio à Terra, começando pela manjedoura; que recebeu pastores e animais como visita primeira; que foi anunciado por uma estrela brilhante; que ensinou sobre as águas, orou sobre os montes, escreveu na terra, transformou a água simples em vinho do júbilo familiar; que aceitou a cooperação de um burrico para receber homenagens do mundo; que meditou num horto, agonizou numa colina pedregosa, partiu em busca do Pai através dos braços de um lenho ríspido e ressuscitou num jardim.

Relembremos semelhantes ensinos e recebamos a fazenda do Senhor, não como o filho pródigo que lhe desbaratou os bens, mas como filhos previdentes que procuram aprender sempre, enriquecendo-se de tesouros imortais.

Pedro Leopoldo (MG), 20 de maio de 1943.

EMMANUEL

A Fazenda

O dia vem longe ainda,
Fulgura o brilho estelar...
Mas nos campos da fazenda
É hora de trabalhar.

O dever chama aos serviços
Da luta risonha e sã,
Na divina voz das aves
Que cantam pela manhã.

A tarefa atinge a todos
Nos roçados, no paiol,
Tudo expressa movimento
Precedendo a luz do sol.

Ali, corta-se, acolá
Dispõe-se de novo a leira,
Aqui, combate-se os vermes
Que atacam a sementeira.

Ninguém pára. Todos lutam.
Há cantares da moenda,
Contando a história do açúcar
Nos caminhos da fazenda.

Entretanto, se o programa
É repouso, calma e sono,
Em breve, a propriedade
Vive em trevas do abandono.

Serpentes invadem campos,
Há cipó destruidor,
O mato chega às janelas,
Procurando o lavrador.

Enquanto a enxada descansa
Esquecida e enferrujada,
A casa desprotegida
Prossegue na derrocada.

Quem não vê na experiência
Tão simples, tão conhecida,
A zona particular
Nos quadros da própria vida?

*

Rico ou pobre, fraco ou forte,
Não te entregues à inação,
Que a vida é a fazenda augusta
Guardada na tua mão.

O Dia

O dia é o bom companheiro
Que, enquanto a sombra se esvai,
Cada manhã, abre as portas
Das bênçãos de nosso Pai...

Haja guerras entre os homens
De sentimentos mesquinhos,
O dia chega espalhando
Luz e vida nos caminhos.

Começa o rumor amigo
Da enxada, dos bois, do malho:
É a casa de Deus vibrando
Em cânticos de trabalho.

Generoso, claro e alegre
Vem do céu e atento a isso,
Fornece a todos o ensejo
Do espírito de serviço.

Que vale um dia? Interroga
Quem não sabe ter vontade;
Mas cada dia é caminho
Na esfera da eternidade.

Quem não saiba aproveitá-lo,
Entregue à preguiça vã,
Cria espinhos escabrosos
Para a estrada de amanhã.

O dia é o mestre do esforço,
Que, com carinho e com arte,
Atende bondoso a tudo,
Trabalhando em toda a parte.

Feliz quem lhe segue a rota
Desde a luz do amanhecer,
Fazendo quanto possível
Nos quadros do seu dever.

Ai da preguiça que dorme,
Que se esconde de mansinho!
Deixemo-la sepultada
Nas penumbras do caminho.

*

Se queres felicidade
Em paz e sabedoria,
Evita as indecisões,
Trabalha, seguindo o dia!

A Faxina

De manhã, em toda casa,
Ar puro, janela aberta,
A higiene determina
O movimento de alerta.

É o asseio proveitoso
Que começa com presteza,
Expulsando o pó de ontem
Nos serviços da limpeza.

A vassoura range, range,
No polimento ao soalho,
Sem desprezar coisa alguma
Na expressão do seu trabalho.

Vêm escovas cuidadosas
Ao lado de espanadores
E renova-se a paisagem
Dos quadros interiores.

A água cariciosa
Que se mistura ao sabão,
Carreia o lixo, a excrescência,
Enche baldes, lava o chão.

Os livros desafogados
Mostram ordem nas fileiras,
Convidando ao pensamento
Do cimo das prateleiras.

Os móveis descansam calmos,
De novo brilha o verniz.
Toda a casa fica leve,
Mais confortada e feliz.

A limpeza efetuada
É novo impulso à energia,
Multiplicando as estradas
De esforço e sabedoria.

A faxina, qual se chama,
Na linguagem da caserna,
Tem seu símbolo profundo
Nos campos de vida eterna.

*

Muita gente sofre e chora,
Na dor e na inquietação,
Por nunca fazer faxina
Nas salas do coração.

A Ferramenta

O êxito no trabalho,
Com que o homem se apresenta,
Depende da vigilância
Que se deve à ferramenta.

A enxada laboriosa,
Que coopera e não se cansa,
Pede zelo no serviço,
Para agir com segurança.

A agulha por ministrar
Benefícios e atenções,
Não dispensa tratamentos,
Desvelos e condições.

Nos trabalhos do tecido,
Em tudo que atinja o assunto,
O tear pede harmonia
Nas peças do seu conjunto.

A própria cozinha humilde,
No que diz respeito a ela,
Reclama copo asseado
E limpeza na panela.

No círculo das tarefas,
Da mais simples à maior,
Descuidada a ferramenta,
Tudo vai pelo pior.

Sem isto, qualquer serviço
Inclina-se à negação
E tende com rapidez
Às sombras da confusão.

Instrumento corrompido
Marca início de insucesso.
Sem lutas de vigilância,
Não há bênçãos de progresso.

O problema do utensílio,
É tão belo quão profundo...
Lembra sempre que teu corpo
Atende essa lei no mundo.

*

Viveres de corpo ao léu,
Estranho aos cuidados teus,
É injúria feita ao trabalho,
Menosprezo aos dons de Deus.

A Construção

O homem sensato e nobre,
Quando faz a moradia,
Toma alvitres à prudência,
Conselho à sabedoria.

Primeiramente examina
O local, a posição,
E edifica os alicerces
Devidos à construção.

Não se cansa de escutar
As vozes da sensatez,
Que sugerem vigilância
E induzem à solidez.

Muito antes da parede,
Da janela, do portal,
Reflete fazendo contas
E escolhe o material.

Raciocina por si mesmo,
Não perde ponderações,
E estuda todo problema
Das suas aquisições.

Não se atira a preço baixo,
De matéria condenada;
A sucata não lhe serve,
Nem madeira carunchada.

Acima de toda idéia,
Vibra a idéia de seu lar.
Seleciona a caráter
Cada coisa em seu lugar.

Impõe-se nos seus desejos,
Sereno, prudente, ativo;
O senso da qualidade
Garante-lhe o objetivo.

Esse homem previdente
Dá lições a cada qual,
Na construção do edifício
Da vida espiritual.

*

Escolhe teus pensamentos
No dever que te governa.
Idéias, palavras, atos,
Constroem-te a casa eterna.

A Enxada

No conjunto dos trabalhos,
A enxada pobre e esquecida
É uma agulha generosa
Que borda o lençol da vida.

Com desvelos carinhosos,
Faz o berço às sementeiras,
Protege os rebentos frágeis,
Traçando caminho às leiras.

Essa agulha delicada,
Vibrando de pólo a pólo,
Aperfeiçoa a paisagem,
Lançando mais vida ao solo.

Obediente e bondosa,
Coopera com o lavrador,
E onde passa costurando,
Eis que o chão transborda em flor.

Devem-lhe muito os celeiros
Na colheita farta, imensa,
Mas a enxada dadivosa
Nunca pede recompensa.

Seu prazer está nas lutas,
Nos trabalhos naturais;
Alguém lucra em seus esforços?
Mais serviço e terás mais.

Não sabe se há chuvas fortes,
Se há calor de requeimar,
Disposta sempre ao possível,
Tem gosto de trabalhar.

Modesta, criteriosa,
Atende ao labor que a chama,
Fiel ao bom lavrador,
Executa o seu programa.

Instrumento valoroso,
Que não trai nem esmorece,
Exemplifica no mundo
A humildade que obedece.

*

Imagina a tua glória,
Teu triunfo jamais visto,
Quando fores boa enxada
Nas divinas mãos do Cristo.

A Picareta

No serviço inicial
Das construções no planeta,
Aparece, indispensável,
O esforço da picareta.

É quase desconhecida
Na casa elegante e bela;
Pouca gente se recorda
Que não se abrigou com ela.

É que a nobre picareta
Atende à primeira fase
De cada edificação
Que precise erguer a base.

No trabalho do princípio,
Vencendo a pedra, a rudeza,
Revela ao trabalhador
Obediência e presteza.

Do serviço eficiente
Fornece as maiores provas,
Quebra espinhos, vara outeiros,
Desdobrando estradas novas.

Traça e atende com firmeza,
No início das construções,
Dando forma aos alicerces,
Prezando as obrigações.

Escava terrenos duros,
Humilde, criteriosa,
Por trazer à superfície
A bênção da água bondosa.

Obstáculo? empecilho?
Oposições de rochedo?
A picareta resolve
Totalmente estranha ao medo.

Na esfera espiritual
Onde o bem pede cuidados,
Há construções igualmente
Com serviços bem pesados.

*

Lembra sempre, meu irmão,
Se queres a Luz divina,
Que a vontade é picareta
Nas terras da disciplina.

A Cangalha

Nos círculos de serviço,
Toda a gente que trabalha
Nem sempre sabe entender
A nobreza da cangalha.

Não fosse ela, entretanto,
Que atende, promete e faz,
E talvez o campo inteiro
Viveria estranho à paz.

Convenhamos na prudência
Que vem do rifão de antanho —
Basta, às vezes, uma ovelha
Para perder o rebanho.

O muar deseducado,
Que a força brutal anime,
Nunca perde ensejo ao coice
E está sempre pronto ao crime.

Vive ao léu, ameaçando
A golpes de grosseria;
Aparentando brandura,
Transborda selvageria.

Transforma-se, comumente,
No animal rude e vilão,
Que se esquiva do trabalho,
Por preguiçoso e ladrão.

Todavia, chega o instante
Em que a cangalha, bondosa,
Comparece orientando,
Honesta, laboriosa.

Ligada por laço forte
Ao amigo da indolência,
Dá-lhe os bens da utilidade
Em luzes de experiência.

Perguntemos a nós mesmos,
Notando-a, modesta e bela,
Quais os homens deste mundo
Que podem viver sem ela.

*

O dever, como a cangalha,
Que tanta grandeza encerra,
É a balança de equilíbrio
Nas vidas de toda a Terra.

A Derrubada

Rangem troncos seculares
Aos golpes do lenhador.
É o machado formidando
No impulso renovador.

Toda a floresta se agita
Em terríveis convulsões,
Continua a derrubada
Que precede as plantações.

Sol quente. Suor. Serviço.
E as árvores vigorosas
Estraçalham com fragor
As frondes cariciosas.

Após o trabalho ingente,
A invasão do fogaréu;
Fumo espesso devorando
A doce amplidão do céu.

Gritam aves assustadas,
Sem ninho, sem paz, sem guia,
Animais inferiores
Vão fugindo em correria.

A seguir vem a coivara
Completando a grande prova,
É o termo da derrubada
A favor da vida nova.

Somente aí são possíveis,
Pasto verde e espiga loura,
Pomares e sementeiras,
Celeiro, casa e lavoura.

Já observaste que o homem,
Ao longo de toda a estrada,
Precisa também, por vezes,
Das foices da derrubada?

É a dor proveitosa e rude,
Surgindo em golpes violentos,
A força que retifica
A mata dos sentimentos.

*

Sem trabalho não teremos,
No caminho universal,
Nem casa com Jesus Cristo,
Nem pão espiritual.

O Barro e o Oleiro

É um exemplo de bondade
O esforço nobre do oleiro,
Cuja grande atividade
Tem a base no lameiro.

Muitos sentem aversão
Por sua tarefa hostil,
Dedicada, dia e noite,
Ao barro nojento e vil.

Seu trabalho é quadro rude
Que a lama invade e não poupa,
É barro por toda a parte,
No rosto, nas mãos, na roupa.

Seu serviço é tão ingrato
Junto à massa indefinível,
Que a tarefa mais parece
Um sofrimento invencível.

Mas todo barro mais pobre,
Ao toque do seu amor,
Fornece os vasos divinos
De formosura e valor.

Quanto mais tempo e trabalho,
Mais triunfa, mais se ufana...
E vemos a lama escura
Transformada em porcelana.

Além dessas jóias raras
De sublimes expressões,
É o oleiro quem dá corpo
Às vossas habitações.

O tijolo faz a casa,
A telha cobre a mansão,
O homem ganha o seu lar
Que é templo do coração.

Nas estradas de miséria,
Não mais éramos que lama,
E eis que o Mestre no Evangelho
Nos esclarece e nos chama.

*

O Cristo é o Divino Oleiro
Que opera com perfeição;
Somos nós o barro vil,
Guardado na sua mão.

A Carpintaria

Nem todos identificam,
No curso de todo o dia,
A lição maravilhosa
Que vem da carpintaria.

Madeira escura e selvagem,
Do seio da natureza,
Vem de longe por buscar
A forma e a delicadeza.

Ao rumor do maquinismo
Que se agrupa na oficina,
O artífice representa
A Inteligência divina.

A serra corta vibrando,
A enxó elimina a aresta,
O torno canta a harmonia,
Tudo em júbilos de festa.

O esforço de seleção
Efetua-se a capricho;
Sujidades, excrescências,
São matérias para o lixo.

A simples madeira bruta,
Na grande transformação,
Brilha agora na obra-prima
De serviço e perfeição.

Todavia, para isto,
As peças e os elementos
Submeteram-se humildes
À pressão dos instrumentos.

Assim também a alma humana,
Na oficina da existência,
Precisa submeter-se
Às plainas da experiência.

Recordemos, sobretudo,
Com humildade e com fé,
O Divino Carpinteiro
Que passou por Nazaré.

*

Busquemo-lo nos caminhos,
E atende, meu caro irmão:
Se queres a Luz da Vida,
Entrega-lhe o coração.

A Usina

Ao lado da queda d'água,
Se existe o rumor da usina,
É justo considerar
A lição que o quadro ensina.

Da corrente que despenha,
Aumentando atividade,
Parte o fluido vigoroso
Que vibra eletricidade.

Transforma-se a cachoeira
Em gerador de energia,
Que a usina prestigiosa
Traduz com sabedoria.

A primeira exprime força
Suscetível de criar,
A segunda é o vaso amigo
Que procura aproveitar.

Uma dá, outra recebe
Com bondade e diligência;
Semelham-se a ordem calma
Ao lado da obediência.

Desse acordo delicado
Nasce o gérmen do processo,
Em que se organiza o bem
Do conforto e do progresso.

Desde então, vencida a sombra,
Há luzes pelos espaços,
Alimento à grande indústria,
Serviço a milhões de braços.

Por servir e obedecer,
Bondosa, confortadora,
Vem a usina a converter-se
Na sublime benfeitora.

O quadro revela aos olhos,
Em nobres clarões sem véus,
A cachoeira incessante,
Desgraças que vêm dos céus.

*

Quando houver em cada homem
A obediência da usina,
Toda a Terra brilhará
No trono da Luz divina.

O Regador

No trabalho generoso
Que se impõe ao lavrador,
Destaca-se a parte ativa
Que compete ao regador.

Modesto, pronto ao serviço
Que se deve à horticultura,
Atende bondosamente
A toda semeadura.

Se tarda a chuva amorosa
Para a leiva ressequida,
Vem ele silencioso
E espalha as águas da vida.

É o sublime protetor
Dos germes por excelência,
E no esforço que desdobra,
Não conhece preferência.

Não separa ao benefício
Os lírios da couve-flor,
Disposto à fraternidade,
Obedece ao Pai de Amor.

Também não pede à batata
Que amadureça num dia,
E exemplifica a esperança
Em paz e sabedoria.

Amigo da sementeira,
Espalha a bondade imensa,
Servindo sem aflições
E dando sem recompensa.

Esforça-se o ano inteiro,
Muita vez sem intervalo,
Por cuidar de flores ricas,
Que nunca virão cuidá-lo.

*

No campo de ajuda aos outros,
Atenta no regador,
Onde o Cristo te conduza
Prestando assistência e amor.

Não procures resultados,
Não vivas de inquietação,
Faze o bem, alenta a vida,
E espera da evolução.

O Tijolo

Dos serviços da olaria,
Onde há lama em desconsolo,
É justo aqui salientar
As sugestões do tijolo.

Barro pobre e ignorado,
Extraído em baixo nível,
A princípio não parece
Mais que lama desprezível.

Batido, dilacerado,
Ao peso do amassador,
É pasta lodosa e humilde
Do subsolo inferior.

Após o rigor imenso
De luta grande e escabrosa,
Levado ao forno candente,
Sofre a queima dolorosa.

Apagado o fogo rude,
O tijolo pequenino,
Embora a modéstia enorme,
É retângulo divino.

Saiu da lama humilhada,
Foi pisado de aspereza,
Foi queimado, mas agora
É base de fortaleza.

Apesar da pequenez,
É a nota amiga e segura,
Que constrói bondosamente
A casa da criatura.

É a bênção, filha do pó,
Que as fornalhas não consomem,
É terra purificada,
Servindo de abrigo ao homem.

Procura, amigo, entender
Este símbolo profundo:
Não te esqueças do trabalho
Na olaria deste mundo.

*

Tão logo purificares
O barro inferior do mal,
A experiência é o tijolo
Em tua casa imortal.

O Esterco

O esterco que espalha o bem,
Vive em luta meritória;
Se é pobre, tem seu proveito,
Seu caminho, sua história.

Quase sempre chega aos montes
Dos redis e dos currais,
Escuros remanescentes
Da esfera dos animais.

De outras vezes, vem das zonas
De imundície e esquecimento,
Onde a vida se transforma
Em triste apodrecimento.

Em outras ocasiões,
É detrito das estradas,
Lixo estranho e nauseabundo
Das taperas desprezadas.

É a decadência das coisas,
No resumo do imprestável,
Fase rude e dolorosa
Da matéria transformável.

Em síntese, todo esterco
É derrocada ou monturo,
Que das sombras do passado
Lança forças ao futuro.

Analisando esse quadro,
Veremos que a podridão
Vai ser cor, perfume, fruto,
Doçura e renovação.

Notemos, porém, que a flor
Vibra ao alto, linda e santa,
Enquanto o adubo não passa
Do solo, dos pés da planta.

Na vida também é assim:
O erro, a miséria, o mal,
Podem ser algumas vezes
Esterco espiritual.

*

Todavia, é necessário
Que das lutas, através,
Aproveitemos o adubo,
Esmagando-o sob os pés.

A Cova

Raro é aquele que medita
Contemplando a terra impura,
No trabalho peregrino
Da cova pequena e escura.

Assemelha-se à ferida
Sobre a leira dadivosa,
Indício de golpes fundos
Da enxada laboriosa.

Mas, na essência, a cova simples,
Singela, desconhecida,
É o altar da Natureza,
Celebrando a luz da vida.

É seio aberto à beleza,
Ao bem que se perpetua,
A existência renovada
Que se eleva e continua.

É o sepulcro onde a semente,
Em sombra e separação,
Vai, morrendo, reviver
Nas bênçãos da Criação.

E eis que a vida se elabora
Nessa doce intimidade,
Renovando-se aos impulsos
De força e imortalidade.

Depois do apodrecimento,
Germinação e esplendores,
Verdes galhos de esperança,
Tenros ninhos promissores.

Mais tarde, o tronco, a colheita
Na fartura indefinida...
Tudo, a obra generosa
Da cova humilde e esquecida.

Esse símbolo expressivo
Vem lembrar à criatura
O campo do cemitério
E o quadro da sepultura.

*

Inda aí, a cova amiga
É sempre o sublime umbral,
Porta aberta ao crescimento
No plano espiritual.

A Mina

É no poço escuro e enorme
Que a mãe Natureza ensina,
Entre exemplos de trabalho,
A grande lição da mina.

Picaretas formidandas,
Batendo a terra escabrosa,
Procuram localizar
A matéria preciosa.

Sob rudes ameaças,
Constroem-se galerias,
O filão exige sempre
Sofrimentos e agonias.

Aqui, maquinismo imenso,
Acolá, perfuradores,
Na conquista do metal
Das zonas inferiores.

Milhares de braços fortes,
Calejados na aspereza,
Afrontam a treva e a morte
Nas sombras da Natureza.

Depois de suor intenso,
Nas câmaras de trabalho,
Retira-se para exame
Grande acervo de cascalho.

Mas o ouro em toda parte
Tem problemas e programas,
Em toneladas de pedra,
Dá somente poucos gramas.

De muita luta e serviço,
Em provações da coragem,
A mina fornece o ouro
Em pequena percentagem.

Repara que a vida humana,
Doente, pobre ou faustosa,
Em todo lugar da Terra
É mina laboriosa.

*

De muito cascalho inútil,
Nas labutas da existência,
Aprende a extrair na vida
O ouro da experiência.

A Faca

A faca, inegavelmente,
Embora não acerada,
Oferece algum perigo
À pessoa descuidada.

Entretanto, muitas vezes,
No serviço rude e forte,
Não se pode prescindir
Do concurso do seu corte.

Pleno campo. Plantações.
Verdura a perder de vista.
A faca auxilia sempre
No trabalho ruralista.

Nas fábricas operosas,
Onde a prudência a conserva,
Está pronta e decidida,
No serviço ou na reserva.

No esforço de cooperar,
Permanece dia inteiro
Atendendo eficazmente,
Ao lado do sapateiro.

Contribui nas selarias,
Onde o trabalho é uma escola,
Obedecendo ao seleiro,
Dando o bem, cortando a sola.

Em casa, está sempre firme,
Excelente companheira,
Respondendo a muito caso
Que concerne à cozinheira.

Depois de formar, atenta,
No preparo à refeição,
Segue, humilde, para a mesa
E ajuda a partir o pão.

Mas a faca que é tão útil,
Tão valorosa e singela,
É muito desagradável
No pulmão ou na costela.

*

Forçoso é reconhecer
Que a faca vive a ensinar
Que cada coisa no mundo
Tem seu tempo e seu lugar.

A Lavadura

Pelo bem da roupa limpa
Não se esqueça a criatura
Dos serviços que custou
O esforço da lavadura.

Raramente se recorda,
Na tarefa rotineira,
O trabalho, o sacrifício
Do campo da lavadeira.

Porque, em verdade, a tarefa
Inclui disciplina e dores,
Não se lava roupa suja
Usando perfume e flores.

Por limpar-se no caminho
Necessário à experiência,
Não foge à imersão completa
Nas águas da Providência.

Não dispensa o gosto amargo
Do concurso do sabão,
Alijando-se a bagagem
De sujidade ou carvão.

Passado o atrito da esfrega,
Que impõe cansaço e aspereza,
Transporta-se ao coradouro,
Apurando-se a limpeza.

Depois, é a volta bendita
À água cariciosa,
Que atende à saúde humana,
Com bênçãos de mãe bondosa.

Qualquer recurso ao lavar,
Com sabão ou corrosivo,
Requisita paciência,
Vigilância e esforço ativo.

O serviço dessa ordem
Faz lembrar ao pensamento
A lavadura precisa
Às roupas do sentimento.

*

Vivamos tranqüilamente,
Sem olvidar, entretanto,
Que nossa alma necessita
Lavar-se em suor e pranto.

O Andaime

Quando o esforço principia
Em toda edificação,
Não se pode prescindir
Da alheia cooperação.

Precisa-se apoio forte,
De base através da qual
Se distribua ao serviço
Concurso e material.

Vem o andaime prestimoso,
É o seguro companheiro,
Que atende às obrigações,
Noite toda, dia inteiro.

De pé, vivendo o dever,
Serve a todos com bondade,
É um exemplo de serviço
E um símbolo de humildade.

Muita vez, pisado a esmo,
Escuro, banhado em lama,
Permanece em seu lugar,
Não se irrita, não reclama.

Findo o esforço rude e longo,
Ao rebrilhar do edifício,
Pouca gente lhe recorda
O trabalho e o benefício.

O quadro é singelo e pobre,
Mas rara é a lição assim —
O benfeitor olvidado,
Que é fiel até ao fim.

Além disso, o ensinamento,
Em suas exposições,
Apresenta aos aprendizes
Duas belas sugestões.

Diz a primeira que um dia
Deveremos esperar,
Agir sem qualquer andaime
Na vida particular...

*

Indaga-nos a segunda,
Se já fomos, para alguém,
O andaime silencioso
Que ajuda a fazer o bem.

O Cupim

Causa pena olhar o campo
Quando, pobre de verdura,
Sofre a terra a intromissão
Do cupim que a desfigura.

Debalde a vegetação
Se estende em ramaria,
O solo não apresenta
A mesma fisionomia.

O cupim obstinado
Multiplica-se em rebentos,
Parece que o chão se cobre
De tumores pustulentos.

Em vão, a chuva convida
Às forças de produção,
Debalde o Sol traz a luz
De paz e renovação.

Não faltam bênçãos do céu
Que atendam aos dons da vida,
Mas a terra permanece
Desolada e ressequida.

O cupim vai provocando
Estrago, calamidade;
E o campo mostra ruínas,
Miséria, esterilidade.

Às vezes são necessários
Muito esforço, muitas dores,
Por expulsar a família
Dos insetos invasores.

Sem trabalhos decididos
Por parte da agricultura,
O cupim transforma a terra
Numa extensa sepultura.

Lembramos, vendo esse quadro
Da esfera dos lavradores,
As almas avassaladas
De idéias inferiores.

*

Sê forte em qualquer trabalho,
Cada luta é uma lição.
Tristezas e desalentos
São cupins no coração.

A Capina

Nos serviços de defesa
Da semente que germina,
Não se pode descuidar
Dos trabalhos da capina.

Em torno à planta que nasce
No escuro lençol do chão,
Surgem ervas venenosas
Tentando a sufocação.

Crescem fortes, espontâneas,
Nocivas e desiguais,
Formando comprida esteira
De grosseiros ervaçais.

Alastram-se em toda parte...
São verdura traiçoeira
E, se vivem confortadas,
Dominam a roça inteira.

Que o lavrador cuidadoso
Jamais se esquive à atenção,
Trazendo-lhe, decidido,
A justa eliminação.

Ainda que mostrem flores
Entre os ramos de alegria,
Que todas sejam tratadas
À lâminas de energia.

Enquanto o grão não se forme
Para a colheita madura,
Capine a enxada ao redor,
Tão atenta, quão segura.

De outro modo, o mato inútil,
Vadio, cruel, sem nome,
Rouba grelos promissores,
Deixando ruína e fome.

Assim no mundo, igualmente,
Quem deseje o nobre dom,
Destrua dentro em si mesmo
Todo impulso menos bom.

*

Cultiva diariamente
A vida elevada e sã:
Não te esqueças da capina
Se queres fruto amanhã.

A Poda

Quando é necessária ao campo
Produção forte e fiel,
Não se pode prescindir
Da poda quase cruel.

É dolorosa a tarefa
Que se comete ao podão,
Não só nos tempos de inverno,
Como em tempo de verão.

No pomar esperançoso,
Na vinha feita em verdura,
Há dores indefiníveis
Que nascem da podadura.

Velhos ramos opulentos,
Dilacerados ao corte,
Despenham-se amargurados,
Vencidos de angústia e morte.

Esforça-se a podadeira
No galho que cede a custo,
E as frondes carinhosas
Parecem tremer de susto.

Muita vez, toda a folhagem
Sucumbe, desaparece,
Nobres hastes mutiladas
Dão mostras de mãos em prece.

Mas, depois, findo o tormento,
Passada a grande agonia,
Vem a luz da primavera
Nas colheitas de alegria.

Tudo é festa de beleza,
Abundância, fruto e flor,
Devendo-se tudo à bênção
Da poda que trouxe a dor.

Necessita-se igualmente,
No campo das criaturas,
Das podas em tempo calmo,
Em tempos de desventuras.

*

Nas fainas da luta humana,
O sofrimento é o podão:
Não te furtes à grandeza
Das leis de renovação.

O Malhadouro

Na época dadivosa
Da colheita cor-de-ouro,
É tempo de conduzir
Cereais ao malhadouro.

Espigas maravilhosas
Vêm às mãos do tarefeiro,
Aglomerando-se em busca
Da secagem no terreiro.

Antigamente eram flores
Mostrando verdura e viço;
Agora, a compensação
Que se reserva ao serviço.

Mas por ser o resultado,
A garantia, o futuro,
O grão rico e generoso
Precisa ser nobre e puro.

O lavrador cuidadoso
Organiza providências,
É necessário excluir
As últimas excrescências.

Inicia-se a limpeza,
Servidores a malhar,
No espaço o longo assobio
De varas cortando o ar.

São precisos golpes rudes,
Bordoadas no bom grão,
Por conferir-lhe a grandeza
De servir, além do chão.

Depois disso, alcança a glória
De amparar o lavrador,
A alegria de prover
Em nome do Criador.

Se ao longo de tua vida
Sentes choques do mangual,
É que estás em madureza
No campo espiritual.

*

Não fujas ao malhadouro,
Guarda paz e vigilância:
Que a luta nos roube agora
Os restos da ignorância.

A Boneca

Quase em todos os lugares,
Vencendo tempo e distância,
A boneca sempre atrai
A grande atenção da infância.

Em torno dela palpitam
Mil castelos pequeninos;
É a doce futilidade
Do coração dos meninos.

Nesses campos infantis
Há luta, rixa, esperança...
É tão frívola a boneca!
Mas faz feliz a criança.

Na casinha de brinquedo,
No princípio nobre e puro,
É que se forma o programa
Nas construções do futuro.

Sabem disso os pais bondosos
E, notando a experiência,
Atendem aos pequeninos
Sem recursos à violência.

Não dilatam fantasias,
Não mentem por enganar,
Mas se valem da boneca
No intuito de ensinar.

Cada coisa, cada gesto,
Da mais ínfima expressão,
São vistos e aproveitados
Na esfera da educação.

A boneca inanimada
Constitui sempre o motivo,
De lições maravilhosas,
De trabalho evolutivo.

Há no mundo muitos homens,
Sem propósitos do mal,
Que guardam muitas bonecas
Da infância espiritual.

*

Junto deles, não condenes,
Não tenhas reprovação,
Não te faças de menino,
Jamais lhes negues a mão.

A Caçarola

Dos serviços da cozinha,
Onde há sempre grande escola,
Lembremos o ensinamento
Da obscura caçarola.

Ao receber substância
Indispensável à mesa,
Requisita vigilância
No que concerne à limpeza.

Utilizada em serviço,
Embora pobre e singela,
Pede todos os desvelos
Das mãos que se servem dela.

Por limpá-la, muitas vezes
É justa a grande atenção;
Largos banhos d'água pura,
Doses fortes de sabão.

Se não bastam tais processos,
Um esforço mais ativo:
Recursos d'água fervente
Misturada a corrosivo.

De outra forma é descuidar
Da pureza do alimento,
Entregar o pão do corpo
Ao lixo e ao relaxamento.

A erva mais saborosa,
O leite nevado e puro,
Na panela descuidada
São coisas para o monturo.

Caçarola maltratada,
Sem o concurso do asseio,
Faz o pão envenenado,
Escuro, amargoso e feio.

Vendo o quadro, não te esqueças
Que os nobres ensinamentos
São substâncias que nutrem
A fonte dos pensamentos.

*

Receber lições divinas
Sem limpar o coração,
É transformar dons de vida
Em sombras de confusão.

O Pão

Em casa, chega o momento
Destinado à refeição...
Raro aquele que recorda
A história de luz do pão.

Quase sempre vem de longe,
Das zonas do campo em flor,
Oferecer-se à criatura
Em nome do Pai de Amor.

Foi semente sepultada
Na terra ferida e escura,
Ressuscitando em seguida
Nas belezas da verdura.

Suportou lutas amargas,
Noites ásperas, sombrias,
Recebendo chuva e sol,
Tempestades, ventanias.

Adornou-se em primavera,
Risonha, sublime, eleita,
E entregou-se alegremente
Ao segador na colheita.

Padeceu processos vários,
Viveu peregrinações,
Desde a ceifa rude e longa,
Ao prato das refeições.

Conforme reconhecemos,
Esse pão, quase sem nome,
É dádiva do Criador,
Que vem mitigar a fome.

Mensageiro humilde e santo,
De carinho e de bondade,
É o laço entre a Providência
E a nossa necessidade.

O amor e a abnegação
Resumem-lhe a bela história;
O espírito de serviço
É a vida de sua glória.

*

Coração que sofre amando
Na fé sublime e sem jaça,
Vai ser pão na mesa augusta
Dos bens da Divina Graça.

O Prato

Dentre as coisas mais singelas
Do lar carinhoso e grato,
É justo reconhecer
A doce lição do prato.

Esperando calmamente
Comensais, em torno à mesa,
Exemplifica, bondoso,
A ternura e a gentileza.

Primoroso companheiro
De humildade e de atenção,
Por servir a quem tem fome,
Aguarda o partir do pão.

Satisfaz a toda gente,
Sem sombra de vaidade,
Não olha conveniência,
Atende à necessidade.

Por vezes, o comensal,
A quem o vinho estimula,
Entrega-se à embriaguez,
À licença, ao crime, à gula.

Mas o prato está sereno,
Por fazer e obedecer,
Permanece em seu lugar,
Submisso ao seu dever.

Em geral, servem-se dele
Sem qualquer preocupação;
Pouca gente lhe dedica
O amparo da gratidão.

E se o prato, certo dia,
Conhece o aniquilamento,
Não é por ele, é por nós,
No campo do esquecimento.

Neste símbolo singelo
De obediência e bondade,
Sentimos a lei que rege
O espírito da amizade.

*

Conserva teu bom amigo,
Guarda a luz que recebeste.
Não desrespeites na vida
O prato onde já comeste.

A Mesa

Quando o homem precisou
Amor e delicadeza,
Concedeu-lhe a Providência
A bênção de paz da mesa.

Desde então, em toda parte,
Na esfera em que a luta brilha,
A mesa assinala o passo
Da tribo para a família.

Quer Deus que ela seja em tudo
Bondade, ternura, altar,
Seja em tábua, seja em ouro,
— Outro lar dentro do lar.

Decidem-se, à frente dela,
Os destinos das nações;
É mãe civilizadora
De todas as gerações.

Ajuda, em missões do ensino,
Aos professores e aos pais,
Serve ao campo das igrejas,
Das escolas e hospitais.

Revelando caridade
Que a palavra não traduz,
Oferece o pão do corpo,
Como oferta o pão de luz.

A Providência divina,
Procurando auxiliar,
Deu-a ao campo evolutivo
Para o homem conversar.

Junto dela, o Cristo amado,
No socorro aos nossos planos,
Deu a ceia aos companheiros
E o banquete aos publicanos.

Em torno à mesa, cultiva
Respeito, verdade, amor;
Ela é dádiva perfeita
Da esfera superior.

*

Nos serviços rotineiros,
Não olvides, meu irmão,
Que a mesa de tua casa
É o lar da conversação.

A Candeia

A sombra desce de manso,
O silêncio volve aos ninhos,
É a noite cariciosa
Que se estende nos caminhos.

Na casa pequena e simples
Que é refúgio da pobreza,
É mais densa a escuridão
Que amortalha a Natureza.

Mas no quadro desolado
Perpassa a bênção do amor,
A candeia humilde e rude
Clareia do velador.

Na sala desguarnecida
Da morada carinhosa,
Sua luz mostra a beleza
De uma estrela generosa.

Aproveita-se-lhe o encanto
Na esfera da utilidade,
Mas quase ninguém lhe vê
O espírito de humildade.

Seu processo de ajudar,
Nas sombras da noite escura,
Revela lição sublime
Ao plano da criatura.

Por servir de fonte calma
Ao clarão bondoso e amigo,
Ela queima a provisão
De tudo que tem consigo.

Consome o óleo, a torcida,
Perde o brilho, perde a graça,
Suporta o calor do fogo,
Sofre o assédio da fumaça.

E guarda, com Deus, a glória
De haver produzido o bem,
Sem ferir qualquer pessoa,
Sem prejuízo a ninguém.

*

Quem deseje iluminar,
Proceda como a candeia:
A si mesmo se ilumine
Sem reclamar luz alheia.

A Lâmpada

Em casa, a lâmpada acesa,
Singela e despercebida,
Constitui lição patente
Das mais nobres que há na vida.

Contra a noite escura e espessa,
Que se espalha e reproduz,
Envolve-se de energia,
Resplandece e traz a luz.

Seu trabalho é grande e simples,
Difundindo o sol do bem.
Não discute, não pergunta,
Dá sempre, não olha a quem.

Ilumina o gabinete
De pesquisa ou de leitura,
Como aclara a agulha humilde
Da máquina de costura.

Envolve com a mesma luz
A velhice, a enfermidade,
A infância, a alegria, a dor,
E os sonhos da mocidade.

Há tumultos, há prazeres?
Amarguras, agonia?
Se não sofre violência,
Eis que a lâmpada irradia.

Serena, silenciosa,
Não se aflige, não consulta,
Nada pede, além da força
Que lhe vem da usina oculta.

Revela todo detalhe,
Sem contendas, sem perigo.
A sua demonstração
É o foco que traz consigo.

Não exige condições
Por servir e iluminar,
E define seu ruído,
Cada coisa em seu lugar.

*

Pensemos em nossa glória
Quando formos, irmãos meus,
Como lâmpadas do Cristo
Na usina do amor de Deus.

Este livro foi impresso
no Departamento Gráfico da
FEDERAÇÃO ESPÍRITA BRASILEIRA
na cidade do Rio de Janeiro
em janeiro de 2009.

www.febnet.org.br